Heute traf ich die Sehnsucht

Heute traf ich die Sehnsucht

Verschenk-Texte von
Kristiane Allert-Wybranietz

Mit Bildern von Sylvia von Braun

WILHELM HEYNE VERLAG
MÜNCHEN

Kristiane Allert-Wybranietz wurde 1955 in Obernkirchen (Niedersachsen) geboren und lebt heute in Auetal-Rolfshagen. Mit ihren Verschenk-Texten wurde sie die erfolgreichste Poetin der achtziger Jahre.

Im Wilhelm Heyne Verlag erschienen von ihr bisher elf Bücher, zuletzt ANGST IST NICHT SCHWÄCHE – Erfahrungen und Ratschläge einer Betroffenen.

2. Auflage
Copyright © 1996 by Wilhelm Heyne Verlag GmbH & Co. KG, München
Umschlaggestaltung: Art & Design Härtl, München
Satz: Kort Satz GmbH, München
Druck und Bindung: RMO Druck, München
Printed in Germany

ISBN 3-453-09745-9

Wir haben uns
– jeder für sich –
gegen sie gewehrt.
Wir haben sie als unmöglich
verworfen.
Wir haben versucht,
verantwortungsvoll
zu verzichten.
Wir haben uns
– jeder für sich –
Narren gescholten.
Wir haben den Schmerz kommen sehen,
ihn erlebt und ertragen.
Wir haben ihr Zweifel
und Unsicherheiten
entgegengesetzt.

Wir haben uns gesagt,
daß »es nicht sein kann,
weil es nicht sein darf«.

Und sie hat geantwortet:
»Auch wenn ihr euch wehrt.
Es ist so!«

Das hat sie gesagt,
unsere Liebe.

Steh dir nicht auch noch selbst im Weg

Steine, Barrieren und
andere Hindernisse
finden wir zuhauf
in unserem Alltag,
so daß wir unser Dasein
nicht auch noch selbst mit
Wenns und Abers
pflastern müssen!

Und das macht mir angst

Mich im Belanglosen
zu verschwenden.
Leben in
millionenfach gelebter,
ähnlicher Ausstattung,
angeeigneten und doch
fremden Regeln unterworfen
in einer stetig starren Wiederkehr.

Scheinsicherheit.

Ich denke, dazu bin ich nicht
(ist niemand)
in diese Welt geboren.

Is' doch cool, Mann!

Stimmt,
es ist kälter
geworden
in unserer
Gesellschaft.

Vorläufiges Ende der Fahnenstange

War ich das,
die vor der Natur
panisch die Flucht ergriff?

War ich das,
die viel zu vorschnell
urteilte?

War ich das,
die die Blumen nicht mehr sah,
die Vögel nicht mehr hörte,
allein nur Ziele vor Augen,
Motorenlärm und Information im Ohr?

War ich das,
kraftlos, ausgebrannt,
die Seele verdunkelt,
dem Leben entglitten?

Kein Wunder,
daß ich abstürzte!

Heutzutage

Wir kümmern uns um Wale
und selten gewordene Vogelarten,
um Robben und Elefanten
und sind doch selbst
eine hochgefährdete Gattung –
vom Aussterben bedroht.

Liebe ist kein Gewohnheitstier

Eingeschliffene Elemente
sollte man
aus der Partnerschaft
entfernen.
Zu leicht bekommen sie
messerscharfe Kanten,
die das Band der Liebe
zerschneiden können.

Sozusagen Altersvorsorge

Gib auf dich acht,
und sei fair zu dir,
denn ein jeder
verläßt sich selbst
als letzter.

Fortlaufen zwecklos!

Wo du auch bist
in dieser Welt,

DU WIRST IMMER
MIT DIR
ZU TUN HABEN.

Vor dir selbst
gibt es keine
dauerhafte Flucht.

Aufräumen im Denken

Eine Zwangsjacke
neben der anderen
hängt bei mir im Schrank,
bestückt meine Garderobe.

Doch in mir flattert
unerschütterlich
die Fahne der Freiheit.

. . .

Die Altkleidersammlung
wird sich freuen.

Mesalliance

Der eine aus der Welt der Angepaßtheit
und des Verschleierns (wie, Ehrlichkeit?
Ach, dieses unbequeme, undankbare Ding . . .
längst abgewöhnt!) –

der andere aus der Welt, die Ehrlichkeit
wagt und gestattet zu leben.

Doch nur Ehrlichkeit
kann Boden sein
für ein fruchtbares Miteinander
und Verstehen,
was ohne Vertrauen
niemals wachsen kann.

Ein resolutes Liebesgedicht

Würde ich dich nicht gekannt haben,
hätte mir in meinem Leben
auf jeden Fall etwas Wesentliches gefehlt.

Vertrauen kann man nicht erzwingen,
schon gar nicht erschweigen.

Zwang fühlt sich an wie Zwang.
Schweigen klingt wie Schweigen.

Vertrauen trägt eine andere Melodie.

Graffiti

Mit schlechten
Gewohnheiten
sollte man
brechen,
sonst ist
einem
eines Tages
zum Kotzen.

Naive Frage

Rohkost soll ja so gesund sein!

Daher also die zunehmende Verrohung
der Menschen im Umgang miteinander?

Sehnsucht nach mehr Menschlichkeit

Meine Zweifel
trafen auf meine
Zuversicht.

Die Begegnung
steht noch unentschieden.

Belassene Fremdheit

So mancher gilt als
nicht ganz astrein,
faul,
fragwürdig,
undurchsichtig
verdächtig,
verrufen,
unheimlich,
zweifelhaft,
anstößig,
halbseiden,
suspekt,
problematisch,
berüchtigt.

– Nur weil wir uns
oft nicht die Mühe machen,
seine Fremdheit kennenzulernen,
oder er uns dies aus Unsicherheit
verweigert.

Zu viele nehmen kaum teil

Sie schweigen über ihre
wirklichen Gedanken.
Sie vergraben ihr Dasein
in enger Selbstbezogenheit.
Sie ergehen sich in
oberflächlichem Gerede
und verharren in Gleichgültigkeit.

Ahnen sie überhaupt die Gefahr?

Liebesgedicht

Wenn ich dir
begegne,
legen sogar
meine miesesten Seiten
ihr bestes Benehmen
an den Tag.

Häutung

Wichtig ist es, alte Werte zu überprüfen.
Oft entlarven sie sich als überholt
oder als Scheinwerte und als die nicht
eigenen.

Hinter dünner Haut
schimmert die Sehnsucht nach Echtheit.

Meine Neugier.
Mein Lebenshunger.
Meine Hoffnung.
Mein Mut.
Meine Fragen.
Mein Wissensdrang.
Mein Unternehmungsgeist.
Mein Engagement.
Meine Energie.

Hilfstruppen der Sehnsucht.

Auch ich war lange ausgestattet
mit Unsicherheit, Zögerlichkeit
und der ebenso verlogenen wie
lebensgefährlichen Fähigkeit
zum Erklären von Umständen,
die dir nicht passen,
die du aber lieber
auf Teufel komm raus
hinnimmst,
auf irgendeine Art erklärst
und dir die Wirklichkeit zurechtbiegst,
um sie bloß nicht
LÖSEN zu müssen.

Könnte ja ein Konflikt sein.
Und vor Konflikten haben wir Angst.

Da schaffen sich viele
eine Welt, die sie
»beherrschen«, mit der sie (scheinbar)
umgehen können.
Sie schließen das Leben aus,
wollen von allem anderen

möglichst nichts wissen,
wenn es denn irgend geht.
Sonst könnte ja das so mühsam gebastelte
Weltbild
unstimmig und wackelig und brüchig
werden.

Und Konflikte oder Lebenslügen
könnten gefährlich durch die
Ritzen des Zaunes schimmern,
der sie vom Leben trennt.

Wäre ich bloß auch so

Das Jahr trägt
sein Dezemberkleid
so tapfer, wie
es alle ihm
bestimmten
Kleider
trug.

Würden wir
die Folgen unseres
Handelns oder Nichthandelns
stets sorgfältig
bedenken,
hätten wir
oftmals Bedenken
ob der Richtigkeit
unseres Handelns.

Infektion »L«

Ich bin infiziert
mit Lebendigkeit,
mit Liebe,
mit Lachen,
mit lodernder Sehnsucht
nach Leben.

Dagegen gibt es
kein Serum. –
Und das ist gut.

King Size

Manchmal
tragen meine
Wünsche,
Träume,
Hoffnungen,
Erwartungen,
aber auch meine
Ängste,
Zweifel
und
Sorgen

ÜBERGRÖSSE.

Nicht unbegrenzt am Lager

Zeit wird von uns ständig
verbraucht,
aber auch sinnvoll
verbracht?

Bewahr dich dir selbst

Geh deinen Weg,
auch wenn du mal
strauchelst,
Umwege machst,
dich gar verläufst
oder fällst.

Auch wenn du
dir Beulen holst
und Schrammen,
wenn du Lehrgeld zahlst
und Nieten ziehst.

Geh nicht verloren
im Dickicht der Klischees.

Eine schöne Lüge ist immer schlechter als die Wahrheit

Das Heucheln in unserer Gesellschaft ist
es, was jedem und besonders jedem
feinfühligen Menschen
(wenn er nicht schon
abgestumpft mitmacht)
schwer zu schaffen macht.
Viele Probleme, Verletzungen und
Traurigkeiten
wären nicht vorhanden,
wenn wir Menschen zueinander
offen wären und
wenn wir die Wahrheit
zuweilen ertragen könnten.
Es gibt einige Wahrheiten,
die sehr weh tun können,
wenn man bislang die Lügen geglaubt hat,
aber eine schöne Lüge ist immer
schlechter als die Wahrheit.

Maßlos

Wir können uns
nicht immer
so nahe sein,
wie wir das wünschen.

Doch unsere Liebe
lebt nicht
im Stundentakt
und endet nicht in
Maßen.

Maßlos

―――

Oft ist der Knoten
in der Krawatte
auch
im Hals des Menschen
vorhanden.

Überforderung?

Ungeduld
ist eine Geisel,
die uns die Zeit und mehr
zerstört.

Unsicherheit
ist eine Fron,
die uns beschwert durchs
Leben humpeln läßt.

Gelassenheit
ist eine Kraft,
die uns leichter
durchs Leben trägt.

Humor
ist der Trost,
der uns gegeben ist,
die Unbill und uns selber
zu ertragen.

Wechseljahre der Verantwortung

Früher hieß es, mach das und das nicht.
Das waren Verbote.

Dann hieß es, mach dies oder jenes nicht.
Das waren Befehle.

Heute heißt es, mach das oder dieses.
Das sind Hilferufe.

Und überall
schwingt die Angst mit.

Die Einsicht
wischt
den Schmerz,
die Wut,
die Angst
und auch die Enttäuschung
nicht weg wie
ein nasser Schwamm
eine falsche Rechnung
auf der Schultafel.

Farewell

Dein Leben war
nur eine kurze Episode.
Viel zu schnell,
viel zu früh
bist du wieder
gegangen,
hinaus
in das
für uns,
die zurückbleiben,
geheimnisvolle, unendliche Nichts.

Von der Zukunft schon so gefangen?

Um sicherzugehen,
entfaltest du dich nicht,
wie ein Schmetterling,
der ewig in seinem Kokon hockt.

Du paßt dich an und
läßt deinen wirklichen Bedürfnissen
wenig Freiheit. –

Zukunft
muß ein
Stigma der Hoffnung
tragen
und darf niemals Fessel sein
für deine Gegenwart,
um dieser verflixten
Sicherheit wegen.

Es wird sich nicht vermeiden lassen

Es wird sich
nicht vermeiden lassen,
daß du auch abgelehnt wirst.
Auch abgelehnt von einem Menschen,
den du liebst.

Gib acht,
daß es eine Narbe hinterläßt.
Beschäftige dich mit der Heilung der
Wunde,
sonst bleibt dir nur die
Wunde,
die auch nach Jahren noch schwärt und
eitert.

Es wird sich
nicht vermeiden lassen.

Im Fenster spiegelt sich
das vertraute und doch
seltene Bild:
du und ich
in zärtlicher Umarmung.

Ein Bild, das wir
allein in
unserer Erinnerung festhalten dürfen
und wohl noch oft
wiederholen.

Andere werden es
nie zu Gesicht bekommen,
werden nicht
einmal davon ahnen.

Das macht es noch kostbarer,
falls das überhaupt möglich ist.

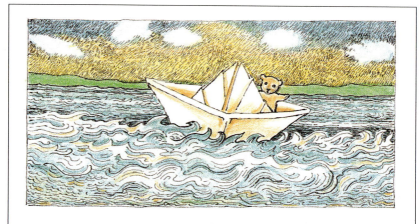

Vergessene Kraft

»Es heißt nicht, ich will,
sondern ich möchte« –
sagte man mir
früher oft.

Heute stehe ich
manchmal
ganz verwirrt
meiner
Unentschlossenheit
gegenüber.

Du kanntest den Platz,
an dem der Schlüssel lag,
der dir bei mir Tür und Tor öffnete.

Wie oft nahm ich mir vor,
dich einzulassen zwar,
aber dir mit Distanz gegenüberzutreten.

Distanz spürte ich schon lange,
doch war ich nicht ehrlich.
Kaum drehtest du den Schlüssel im Schloß,
wurde ich nachgiebig und das ausgiebig.

Doch nun
– sieh dich vor –
habe ich das Schloß auswechseln lassen.
Dein Schlüssel
paßt
nicht
mehr.

Wir sehen uns wieder,
und du meinst,
den Menschen
vor dir zu haben,
den du so leicht treffen
und dann verletzen kannst.

Ich sehe,
du packst schon wieder
deine Waffen aus.

Doch diesmal,
mein Freund,
triffst du mich nicht.

Du kennst mich nicht mehr genau
und wirst dein Ziel
verfehlen.

Weiterentwickelt!

Die erste Stelle
meiner
ganz persönlichen
Bestsellerliste
hast du
nicht immer
und ausschließlich angeführt.
Da standen so manche Short story
und so mancher Fantasyroman
zeitweise
auf Platz 1.

Doch bist du
nach all den Jahren
der einzige,
der nie aus meiner
Bestsellerliste flog.

Die meisten anderen
wurden mit der Zeit
verramscht.

Winter in H. (Dezember 1993)

Die Fenster tragen
Eisblumenschmuck,
Neonlampen spenden Licht,
permanent, steril, frostig.

Doch mir ist warm,
denn gleich wirst du
bei mir sein.

Winter in H.,
aber kalifornische Sonne
in Seele und Bauch.

»Souverän«
meinst du,
die Ängste,
die dich anfallen,
handhaben zu können.
Du hast sie im Griff,
tust alles,
was sie dir verweigern wollen
und noch mehr.

Doch irgendwo spürst du,
sie lassen dich nicht los.
Deine Bedrängnis verpackst du
nur in anderen Zwängen.
Doch feine Nasen
riechen die Angst,
die daraus dringt.

Bittgesuch, zuweilen auch:
Aufforderung
und in besonders hartnäckigen
Fällen: Forderung

Laßt mich gehen,
denn ich will keinen Stillstand.

*Meine Freiheit
laß mir bitte*

Von dir zu gehen,
mich zu entfernen,
heißt niemals,
dich verlassen.

Ich komme reicher zurück
und teile gern
meine erworbenen
Schätze mit dir.

Unsere Begegnung heute

Wir beide wissen,
da ist mehr
zwischen uns.

Doch heute war
nur ein Auftakt,
gewissermaßen
die Ouvertüre,
die weder du noch ich
zerstören wollten,
weil wir auch sie
genossen haben.

Fortsetzung folgt in diesem Stück,
von dem wir noch nicht wissen,
wie es ausgehen wird.

Deine Kleidung: perfekt.
Deine Schuhe: handgefertigt.
Der Mantel: Kaschmir.
Der Anzug: maßgeschneidert.
Die Haare: gestylt.
Dein Lächeln: festgefroren auf dünnen Lippen.
Deine Ausstrahlung: blendend.

Man sieht tatsächlich nichts mehr
von deiner Persönlichkeit:
Außer man sieht
ganz genau hin.
Dann erblickt man die Angst.

Erste Hilfe

Kleb das
Pflaster der Hoffnung
auf die Wunde
der Angst.

Sag nicht immer
nein zum Leben
aus Gewohnheit und
Unsicherheit.

Sag nicht immer
nein zu dir
aus Gewohnheit und
Unsicherheit.

Du liebst deine Zelle
doch gar nicht,
mein kleiner Gefangener.

Befreiung

eingefahrene Werte
– ausgeparkt

Wenn ich dein Leben
insgesamt
betrachte,
dieses Konglomerat aus Pauschalitäten,
Oberflächlichkeit
und Feigheit,
dann fürchte ich
um dich
und um die Welt.
Ich bekomme Angst,
denn deutlich ist zu sehen:
Die Lüge regiert.

Langsam,
aber stetig
löst du
dich
vom
unverbindlichen »Man«
zum
»Ich«

Was zwischen
uns geschieht,
ist allein Folge
unseres
Zusammenseins,
streng personen-
gebunden,
nicht übertragbar
und zuweilen
unbeschreiblich.
Und manchmal tut es nur weh.

Nur für dich

In Gesellschaft
blitze ich
(fast alle)
an,
aber die
Sterne in meinen Augen
gehören nur dir.

Du sagst
– bedauernd –
»Ich komme immer mit leeren Händen zu dir«,
weil du nicht
immer
Geschenke mitbringst.

Ich liebe es,
wenn du die Hände
frei hast,
denn dann kannst
du mich mit beiden
streicheln.
Und das allein
ist Geschenk.

Falsches Denken
macht
oft
kränker
als
falsches Tun.

Keine Angst zu leben

Ständiger Sturm
festigt
möglicherweise mehr
als dauernde Windstille.

Rückstände in meiner
seelischen Buchhaltung
habe ich bisher
immer gehabt.

Die Säumniszuschläge
und Mahnkosten
zahle ich heute
mit Angst
und Depression.

Das kommt mir zu teuer.

Wir haben eine Mauer,
eine Glaswand zwischen uns,
die wir nicht zerbrechen dürfen.

Hinter Steinen und Glas
wimmert die Sehnsucht.

Doch die Mauer ist stärker,
denn ihr Name ist Angst.

Nun mag er nicht mehr meine Ehrlichkeit,
sondern findet mich hart.

Nun glaubt er mir nicht einmal mehr meine
Gefühle, die ich empfand,
sondern meint, ich spielte ein Spiel.

Nun findet er mich nicht mehr extravagant-
schick,
sondern meint, ich ließe mich gehen.

Nun hält er nicht mehr an Gesprächen,
Auseinandersetzungen fest,
sondern an seinen starren Gedanken.

Nun hat er nicht mehr Freude am Auto,
sondern spricht von Verantwortungs-
losigkeit gegenüber der Umwelt.

Veränderte Sicht oder Verletztheit?

Du bist schillernd,
glitzernd und strahlend
– durchaus vielversprechend.
Und doch:
wie ein Clown in der Manege,
der durch sein Publikum lebt.

Und wenn du allein bist,
ist dann der Glanz verblichen?

Manchmal glaube ich
zu wissen,
was dir fehlt:

Geborgenheit!

Du bist wie ein schlechter Schauspieler,
der den Applaus –
zu welchem Preis auch immer –
braucht,
um sich darin zu spiegeln.

Weil dein eigener Spiegel
zerbrochen ist?

Wenn ich dich so betrachte,
kann ich dir nicht
einmal böse sein!

Du bist dir selbst
und dem Leben gegenüber
hilflos.

Es scheint so offensichtlich,
daß du Hartsein verwechselst mit
Starksein.

Und das tut dir am meisten weh,
weil du um den Unterschied
im Grunde weißt.

    Nicht
Gewohnheiten
   Raum
  geben,
sondern
  dem
 Leben.

Traumfrau (?)

Der eine fügt etwas hinzu,
was ich gar nicht bin,
der andere übersieht etwas,
was ich sehr wohl bin.
Jeder baut mich so
zusammen,
zeichnet mein Bild so,
wie er es gerade gerne hätte.

Und dann werden die
selbstverständlich folgenden
Enttäuschungen
mir zur Last gelegt.

So mancher muß sehen,
daß er bei sich selbst
den berühmten Fuß
wieder in die Tür kriegt.

Erschreckend,
wie viele so weit
vom Leben entfernt sind,
obwohl sie doch teilzunehmen scheinen.

Was wir krampfhaft
festhalten wollen,
verlieren wir
zwangsläufig,
oder wir müssen
(oft ohne es zu wissen)
mit der Lüge leben.

Hast du schon mal überlegt,
wie es wäre,
die Überlegenheit oder den Gehorsam
einzutauschen gegen die Geborgenheit?

Die schicke Fassade fallenlassen,
um auch ohne sie geliebt zu werden?
Den plätschernden und lauten Smalltalk
einzutauschen gegen Worte,
die einander berühren und verbinden?

Wie es wäre, nur einmal wieder
die eigenen Schwächen,
die eigenen Träume,
die eigenen . . .,
zulassen zu dürfen,
ohne die Angst zu verlieren,
ohne die Angst vor Verurteilung,
und dabei ein gutes Gefühl haben?

Besinnung

Du arbeitest, baust auf,
machst und tust,
hast volle Terminkalender,
schuftest und schaffst . . .

Eines Tages wirst
du dich
damit
weggeschafft haben
und nicht
einmal wissen, wohin!!!

Natürlich bin ich kein Auto!!

Ich war oft ein »Jaguar«
oder ein »Mercedes«,
schick, elegant, hochgestylt,
von vielen bewundert.

Dann fand ich Menschen,
zu denen ich auch als
eingedellter »VW Golf«
kommen durfte und
wurde akzeptiert.

Seitdem habe ich
keine Angst mehr,
meine Roststellen zu zeigen.

Im Restaurant und anderswo

Vielleicht sollte ich das nächste Mal fragen,
ob hier Anzüge, geschminkte Gesichter
und
Accessoires bedient werden
oder Menschen.

Eifersucht

Zwischen »alles oder nichts«
lasse ich mich nicht mehr drängen.

Zwischen allem oder nichts
liegt so überaus viel.
Auch das Leben.

Teilnehmen oder nur zuschauen.
Wachsen oder verharren.

Geburt und Tod.

Leben bedeutet Bewegung.
Bewegung bedeutet Veränderung.
Veränderung bedeutet Ungewißheit.

Ich will in Bewegung sein,
ich will leben,
ich will nicht erstarren –

und dazu gehören auch
Phasen der Traurigkeit und Melancholie.

In Sachen »Liebe«

Ich glaube,
viele Menschen fürchten
sich so sehr
vor neuen Enttäuschungen,
daß sie deshalb die eine,
die sie schon haben und
an die sie sich gewöhnten,
einfach hinnehmen.

Das nennen sie dann Ehe!

Angst

Angst
hält dich gefangen
in einer Zelle,
für die du selbst
die Gitter schmiedetest
mit Hilfe anderer
und für deren Schloß
du den Schlüssel
selbst in der Tasche trägst.

Warum siehst du nicht nach?

Als die Zeit der Bücklinge
für mich vorbei war,
war ich erstaunt,
wie viele mir,
die ich nun aufrecht ging,
gebeugt entgegenkamen.

Das Leben findet überall statt

– und ich möchte mich nicht
dagegen wehren.

Die, die mich
vor Bereichen des Lebens
bewahren wollen,
mögen es zwar gut meinen,
aber ich kann ihnen nicht folgen,
wenn sie versuchen,
mich in etwas zu drängen,
in eine Schutzhülle,
in die hinein ich gar nicht will.

Reiner Selbstschutz, denn sonst
ersticke ich.

Sollten wir nicht
unser Wissen um unsere
Vergänglichkeit
in jeder Hinsicht besser einsetzen?

Nicht um uns zu fürchten,
sondern um auf Teufel komm raus zu
leben.
Mit der Bereitschaft zum Nein und zu
Fehlern,
zum Genießen des Lebens
und manchmal auch zum Leiden.

Darf ich meine
Beschwerden nicht äußern,
mein Innerstes nicht wirklich öffnen,
macht mir das rasch Beschwerden.

All die Unsicherheiten
und vermeintlichen
Unzulänglichkeiten,
die sich ansammelten
in den Jahren,
wirken in mir noch immer,
lassen mich nur sehr langsam gehen,
zögernden Schrittes, oder auf der Stelle
treten.

Ich muß sie abschütteln
wie Staub aus den Haaren,
abwerfen als das, was sie sind:
abgetragene Gefühle,
denen ich entwachsen bin.

Nur so wird mein Schritt wieder
energischer,
und ich komme vorwärts.

Überprüfe deine Gewohnheiten,
trenn dich von denen,
die dich auf der Stelle treten lassen,

denn wer zu lange auf
der Stelle tritt,
versinkt in einem
schwarzen Loch,
das er sich selbst
geschaffen hat.

Was ich will

Lebendiges Leben
statt eifersüchtige
Überwachung.
Verantwortungsvoller
Umgang miteinander
statt stures Besitzen.

Nicht aus Gewohnheit fühlen.

Angst spüren und aushalten,
nicht die Seele verbrennen lassen.

Liebesgedicht

Da sind viele Tage,
und du bist
wie eine sternenklare
und doch geheimnisvoll
lockende Nacht.

Warum spielst du dieses Spiel?

Du näherst dich an,
du entziehst dich,
du bist offen,
du verschließt dich.
Du suchst Nähe
und wirfst mich zurück.

Mit Widersprüchen kann ich leben,
doch wie soll ich eine
verhärtete Seele erobern?

Um dir Vorteile
zu sichern,
legst du
ein freundschaftliches
Make-up auf,
das man
ohnehin wieder
abschminken kann.

Letztlich
holst du dir damit
nur Verluste.

Falscher Weg

Ich fühle Freundschaft für dich
und möchte sie dir geben.

Doch du scheinst so unempfänglich
für Nähe, daß ich mich dir entziehe.

Ohne dich zu fragen,
ist das der falsche Weg,
aber einen muß ich gehen,
den, der zu dir führt,
vor die Mauer der Enttäuschung.

―――――

Wenn du vor dir
stets davonläufst,
wirst du dich nie
in dein Leben
einbringen
können.

Es bleibt dann nur
Flüchtiges.

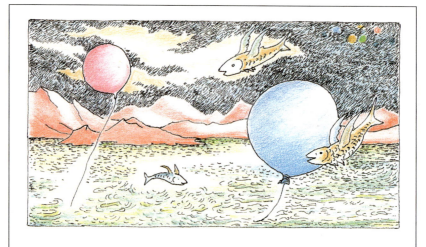

Noch nicht eingestandene Liebe

Das Leben ist bunter,
Umwege, um dich zu treffen, eine Freude,
die Unsicherheit stark im Bauch,
die Träume bittersüß.

Die Schwelle zur Vertrautheit
oder zum NEIN noch nicht genommen.

Leben auf Hochdruck.
Schwebend schön!

Wenn ich nicht weiß, ob eine Liebe erwidert wird

will ich alles
und alles jetzt gleich.
Das ist ungeduldig-dumm,
da manches erst reifen muß.

Jedoch: Wie hart ist
ein gereiftes Nein!

Doch mit dem kann ich
besser leben
als in Unkenntnis der Antworten
hinter nie gestellten Fragen.

Ein NEIN kann alles sein.

Und mehr wollte ich doch nie.
Nur immer alles.

Tu es!

Wenn es auch weh tut,
wenn deine Gefühle
dich zu zerreißen scheinen,
wenn der Realität die Tür
zu öffnen
starke Überwindung kostet:

TU ES!

Es ist lebendiger,
als dem Blut der Liebe
den Motor des Lebens abzuwürgen.

Du hast nicht einmal selbst angeklopft

Du brichst herein
in mein Leben,
in meine Gedanken,
in meine Ruhe,
in meine Sehnsucht,
in meine Träume.

Doch ich brauche dich
nicht bitten zu bleiben,
da du ohnehin
nicht eintreten willst.

Es ist stärker

Mein Kopf sagt mir: »Vergiß ihn!«
Meine Freunde raten mir: »Vergiß ihn!«
Meine Erfahrung sagt mir: »Vergiß ihn!«

Ich befehle mir: »Vergiß ihn!«

Vorwurfsvoll fragt mein Gefühl:
»Lernst du es wirklich nie?!«

Vertrauen

Schon seit Tagen kein Lebenszeichen von dir,
aber das heißt noch lange nicht,
daß unsere Liebe gestorben ist.
Sie bedarf nicht permanenter Bestätigung.

Verlorene Träume

Du füllst
Formen und Forderungen
mit Verhalten,
das von dir erwartet wird,
mit dem »Liebe«
klassifiziert wird.

Deine Liebe
durftest du kaum je
ausdrücken,
wie du es wolltest,
konntest,
da es diese
Normen der Liebe
zu erfüllen galt.

Solche Liebe will ich nicht.

Vor zwanzig Jahren schrieb ich:

In mir zerrt der Sturm an
jungen Mauern,
der Sturm darf nie sich legen.

Heute zerren immer noch
stürmische Winde
an nicht mehr ganz so jungen Mauern.

Und ich erfuhr:

Steter Sturm
festigt mehr
als dauernde Windstille.

———

Wenn wir uns vorübergehend fern sind,
wenn unsere Wege uns zeitlich und
räumlich trennen,
wenn ich in unseren Erinnerungen
schwelge, wenn ich an dich denke,

dann hat die Sehnsucht ihren großen
Auftritt.

In der Winterzeit

Heimelig geschmückte
und erleuchtete Fenster,
groß oder winzig,
modern oder altmodisch,
verlocken mit Geborgenheit . . .

Doch oft trügt der Schein.
Und manchem, der draußen steht,
ist die Welt ein Paradies,
auch wenn er es zuweilen nicht weiß.

Liebeserklärung

Als wir uns trafen
und lieben lernten,
war es für mich,
als entdeckte ich
– diesmal ganz für mich allein –
zum zweiten Mal
in der Menschheitsgeschichte
das Feuer.

Ich will die Tiefe spüren,
ich will die Tiefe aushalten

Manchmal – gelb schon im Gesicht –
frage ich mich – vorübergehend
oberflächlich neidisch –,
warum ich nicht Befriedigung finde
im Standard, Fernsehen, Freizeitgestalten,
in anderen Zerstreuungen und
oberflächlichem Gerede.

Doch wieder zu mir gefunden,
glaube ich den Lügen nicht
und akzeptiere meine Leiden, meine
Leidenschaften,
die ich niemals tauschen wollte
gegen den seichten Fluß
des zögernden Stillhaltens.

Angriff von innen

Viele Zeitgenossen
handeln ihr Leben lang
nur Waffenstillstände
mit sich aus,
die sie dann wieder
brechen
und sofort neu aushandeln.
Zum Frieden
kommen sie nicht.

Bloß keine Probleme!
– oder: Wegschauen hilft nichts!

Schwierigkeiten müssen wir uns stellen,
sonst sind wir nicht gerüstet und bereit,
die Startlöcher ins Leben zu verlassen
und ein lustvolles Rennen zu bestreiten.

»Das ist ja was ganz anderes!« –
oder:
zweierlei Maß

Ist einer beispielsweise tätowiert,
schreien sie Zeter und Mordio
und sind ganz sicher,
daß der ein schlechter Mensch,
vielleicht sogar kriminell,
sein muß.

Aber sie erlauben sich,
anderen unauslöschliche
Narben in die Seele zu tätowieren,
oder lassen bei sich
widerspruchslos
die Nadel ansetzen.

Sehnsucht nach Leichtigkeit

Ich will unbeschwerter leben,
nicht davonlaufen vor Problemen,
aber nicht auch noch mein
Dasein beschweren,
wo es gar nicht nötig ist
und wo die Last
nur in meinem Denken liegt.

Was uns miteinander verbindet

Austausch von Gedanken und Gefühlen
Verständnis füreinander
Neues entdecken und gemeinsam lernen
Zärtlichkeit und Leidenschaft
Lachen und Träumen
Vertrauen und Nähe

reiche Fundgrube

Sehnsucht nach Leben

Leben sollte bunt sein und
facettenreich wie ein Kristall
und nicht in streng
abgesteckten Sicherheitszonen
stattfinden.

Viele ahnen in ihren
ganz privaten Hochsicherheitstrakten
– weggesperrt vom Leben –,
daß »da draußen«
noch so unendlich viel zu erleben ist.

Erlebniswelt

Durch Raum und Zeit rasen
auf der Suche
nach immer mehr,
immer schneller, immer besser.
Davonlaufen
dem Erleben,
das oft so gekünstelt,
so oberflächlich und
verlogen ist.

Sich Zeit lassen,
nachwirken lassen,
nachfühlen
und nachdenken.
Raum und Zeit ausfüllen
mit intensivem Erleben.

Carpe diem

Die Zweifel können
endlos sein.

Die Wünsche können
endlos sein.

Die Träume können
endlos sein.

Die Befürchtungen können
endlos sein.

Die Niederlagen können
endlos sein.

Die Möglichkeiten
sind endlos –

unser Leben jedoch nicht!

Was nur . . . ?
Ob wohl . . . ?
Aber wenn . . . ?
Könnte nicht . . . ?
Was wäre . . . ?
Wenn doch aber . . . ?
Falls nun . . . ?
Hätte ich . . . ?

Meine Zweifel sind
zuweilen echte Problemkinder!

Vorsicht geboten!

Angst ist verlorene Gleichgültigkeit.
Angst ist amputierte Oberflächlichkeit.
Angst ist Wassermasse,
die gefroren, jetzt auftaut,
in Bewegung gerät
und zu allem fähig ist.

Ich. Du. Wir.
Menschen im Geflecht ihrer Beziehungen.
Gedichte und Gedanken von Kristiane Allert-Wybranietz.

Du sprichst von Nähe
Verschenk-Texte
ISBN 3-453-02295-5

Dem Leben auf der Spur
Verschenk-Texte
ISBN 3-453-00549-X

Farbe will ich, nicht Schwarzweiß
Verschenk-Texte
ISBN 3-453-05564-0

Willkommen im Leben! Wo warst du so lange?
Verschenk-Texte
ISBN 3-453-07408-4

Der ganze Himmel steht uns zur Verfügung
Verschenk-Texte
ISBN 3-453-03986-6

HEYNE